vierzehn .... 41 **quatorze**
Vogel .... 31 **oiseau**
Vogelkäfig .... 16 **volière**
Vogelscheuche .... 30 **épouvantail**
voll .... 36 **plein**
Vorhang .... 17 **rideau**
vorne .... 36 **devant**

W
Waage .... 15 **balance**
Wachsmalstift .... 21 **crayon de cire**
Wagon .... 24 **wagon**
Wald .... 30 **forêt**
Wand .... 21 **mur**
Wanderer .... 30 **randonneurs**
Wange .... 6 **joue**
Wärmflasche .... 14 **bouillotte**
Waschbecken .... 15 **lavabo**
Waschbeutel .... 14 **trousse de toilette**
waschen .... 34 **laver**
Wäsche .... 15 **linge**
Wäschetrockner .... 14 **sèche-linge**
Waschlappen .... 14 **gant de toilette**
Waschmaschine .... 14 **machine à laver**
Waschpulver .... 26 **lessive**
Wasser .... 24 **eau**
Wasserhahn .... 14 **robinet**
Watte .... 15 **coton**
Wecker .... 18 **réveil**
Weg .... 30 **sentier**
Wegweiser .... 30 **pancarte**
weich .... 36 **mou**
Weide .... 32 **pâturage**
weinen .... 35 **pleurer**
weit .... 37 **large**
wenig .... 37 **peu**
werfen .... 35 **lancer**
Wetter .... 38, 39 **temps**
Wiese .... 30 **pré**
Wildschwein .... 31 **sanglier**
Wind .... 38 **vent**
Windeln .... 26 **couches**
Winter .... 38 **hiver**
Woche .... 40 **semaine**
Wohnzimmer .... 16 **salon**
Wolke .... 39 **nuage**
Wort .... 21 **mot**
Würfel .... 19 **dé**
Wurst .... 12, 26 **saucisson**

X
Xylofon .... 19 **xylophone**

Z
Zahl .... 20 **chiffre**
Zahlen .... 41 **chiffres**
Zahn .... 6 **dent**
Zahnbürste .... 15 **brosse à dents**
Zähne putzen .... 34 **brosser les dents**
Zahnpasta .... 15 **dentifrice**
Zahnputzbecher .... 15 **gobelet à dents**
Zapfen .... 31 **cône**
Zaun .... 33 **clôture**
Zebra .... 28 **zèbre**
Zebrastreifen .... 23 **passage piétons**
Zeh .... 7 **orteil**
zehn .... 41 **dix**
Zeichenblock .... 21 **bloc à dessin**
Zeichnung .... 21 **dessin**
zeigen .... 35 **montrer**
Zeitschriften .... 27 **magazines**
Zeitung .... 17 **journal**
Zelt .... 30 **tente**
Zeugnis .... 20 **bulletin**
Ziege .... 29 **chèvre**
ziehen .... 35 **tirer**
Zifferblatt .... 40 **cadran**
Zirkel .... 21 **compas**
Zitronenpresse .... 10 **presse-citron**
Zoo .... 28 **zoo**
Zucker .... 26 **sucre**
Zuckerdose .... 12 **sucrier**
Zug .... 24 **train**
zuhören .... 35 **écouter**
Zunge .... 6 **langue**
zwanzig .... 40, 41 **vingt**
zwei .... 41 **deux**
zwölf .... 41 **douze**

Sommer	39	**été**
Sonderangebot	26	**offre spéciale**
Sonne	39	**soleil**
Sonntag	40	**dimanche**
Soße	12	**sauce**
Spagetti	12	**spaghetti**
Spiegel	15	**miroir**
Spiegelei	12	**œuf au plat**
Spielbrett	19	**plateau de jeu**
spielen	34	**jouer**
Spielsteine	19	**pions**
Spielzeugauto	18	**voiture jouet**
Spielzeugeisenbahn	19	**petit train**
Spielzeugkiste	19	**coffre à jouets**
Spinne	30	**araignée**
springen	35	**sauter**
Spüle	10	**évier**
Spülmittel	10	**produit vaisselle**
Stadt	22	**ville**
Stadtbücherei	22	**bibliotèque municipale**
Stall	33	**étable**
Stamm	31	**tronc**
Stau	25	**embouteillage**
Steckdose	17	**prise**
Steckenpferd	19	**cheval bâton**
stehen	34	**être debout**
Stein	30	**pierre**
Stereoanlage	16	**chaîne hifi**
Stewardess	24	**hôtesse de l'air**
Stier	32	**taureau**
Stirn	6	**front**
Stöpsel	14	**bouchon**
Strand	39	**plage**
Straße	22, 25	**rue**
Straßenbahn	24	**tramway**
Straßenlaterne	23	**réverbère**
Straßenmaler	22	**peintre de rue**
Straßenmusiker	22	**musicien ambulant**
Straßenschild	23	**plaque de rue**
Strauß	28	**autruche**
streicheln	35	**caresser**
Streichelzoo	29	**enclos de la ferme**
Streichhölzer	17	**allumettes**
Strickjacke	8	**gilet**
Strohballen	33	**botte de paille**
Strümpfe	8	**bas**
Strumpfhose	8	**collant**
Stuhl	16	**chaise**
Stunde	40	**heure**
Sturm	38	**tempête**
Supermarkt	26	**supermarché**
Suppe	12	**soupe**
Suppenkelle	11	**louche**
Suppenteller	11	**assiette creuse**
Süßigkeiten	27	**sucreries**
Sweatshirt	8	**sweat-shirt**
T		
Tablett	12	**plateau**
Tafel	20	**tableau**
Tag	40	**jour**
Tal	31	**vallée**
Tankstelle	25	**station-service**
Tasche	27	**sac**
Tasse	11	**tasse**
Taxi	22	**taxi**
Teddy	18	**nounours**
Tee	12	**thé**
Teelöffel	11	**cuillère à café**
Telefon	17	**téléphone**
Telefonzelle	22	**cabine téléphonique**
Teller	11	**assiette**
Teppich	16	**tapis**
Thermometer	38	**thermomètre**
Tiernahrung	26	**alimentation pour animaux**
Tierwärter	29	**gardien de zoo**
Tiger	29	**tigre**
Tisch	16	**table**
Toast	12	**pain grillé**
Toaster	11	**grille-pain**
Toilette	15	**toilettes**
Toilettenbürste	14	**brosse de toilette**
Toilettenpapier	15	**papier toilette**
Topf	10	**casserole**
Topflappen	10	**manique**
Tower	24	**tour de contrôle**
tragen	35	**porter**
Trainingsanzug	8	**survêtement**
Traktor	32	**tracteur**
träumen	34	**rêver**
traurig	37	**triste**
Treppe	23	**escalier**
trinken	34	**boire**
trocken	36	**sec**
Trommel	19	**tambour**
Truthahn	33	**dindon**
T-Shirt	8	**t-shirt**
tun	34	**faire**
Tür	32	**porte**
Turnschuhe	9	**baskets**
U		
U-Bahn	23	**métro**
Uhr	40	**horloge, heure**
Uhrzeit	40	**heure**
umarmen	35	**prendre dans les bras**
unten	37	**en bas**
Unterhemd	8	**tricot de corps**
Unterhose	8	**caleçon**
Untertasse	11	**soucoupe**
V		
Vase	17	**vase**
Vater	13	**père**
Verkäuferin	26	**vendeuse**
Verkehr	24, 25	**circulation**
Verkehrsschild	25	**panneau**
Videokassette	16	**cassette vidéo**
Videorekorder	16	**magnétoscope**
viel	37	**beaucoup**
vier	41	**quatre**
Viertel	40	**quart**

Mein erstes Französisch Bildwörterbuch

Illustrationen von Angela Weinhold

gondolino

ISBN: 987-3-8112-3301-0

Illustrationen: Angela Weinhold
Printed in the Czech Republic
5 4 3 2 1

Der Umwelt zuliebe gedruckt auf chlorfrei gebleichtem Papier.

www.gondolino.de

Inhalt/**Le contenu**

Mein Körper/**Mon corps** 6

Die Kleidung/**Les vêtements** 8

In der Küche/**Dans la cuisine** 10

Im Esszimmer/**Dans la salle à manger** 12

Im Badezimmer/**Dans la salle de bains** 14

Im Wohnzimmer/**Dans le salon** 16

Im Kinderzimmer/**Dans la chambre d'enfant** 18

In der Schule/**A l'école** 20

In der Stadt/**En ville** 22

Der Verkehr/**La circulation** 24

Im Supermarkt/**Au supermarché** 26

Im Zoo/**Au zoo** 28

In Wald und Wiese/**Dans la forêt et dans les prairies** 30

Auf dem Bauernhof/**A la ferme** 32

Was ich tue/**Ce que je fais** 34

Gegensätze/**Les opposés** 36

Wetter, Jahreszeit und Monat/
Le temps, les saisons et les mois de l'année 38

Woche und Uhrzeit/**Les jours de la semaine et l'heure** 40

Zahlen/**Les chiffres** 41

Wörterliste/**Le vocabulaire** 42

Mein Körper/**Mon corps**

Das Gesicht/**Le visage**

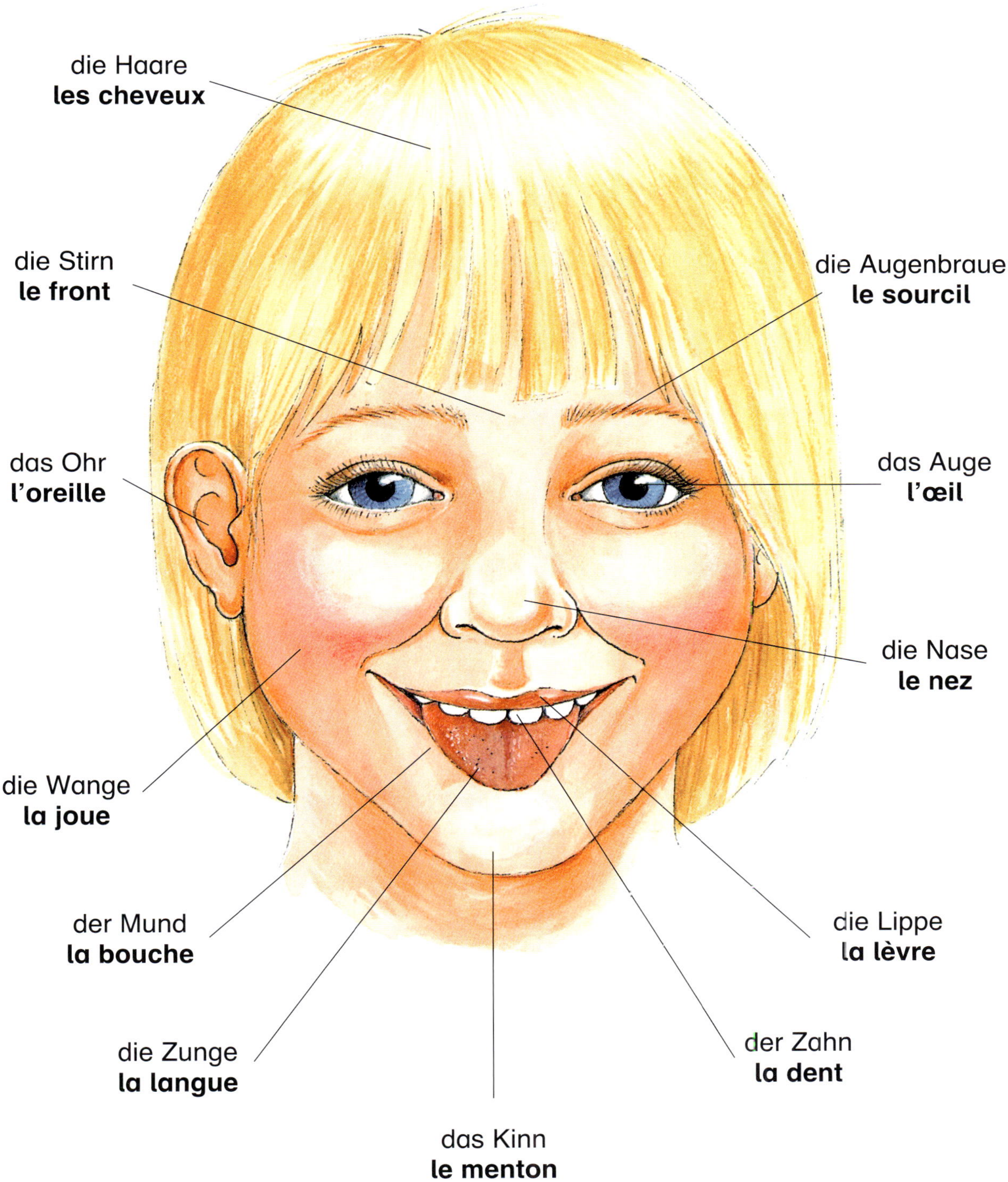

Der Körper/**Le corps**

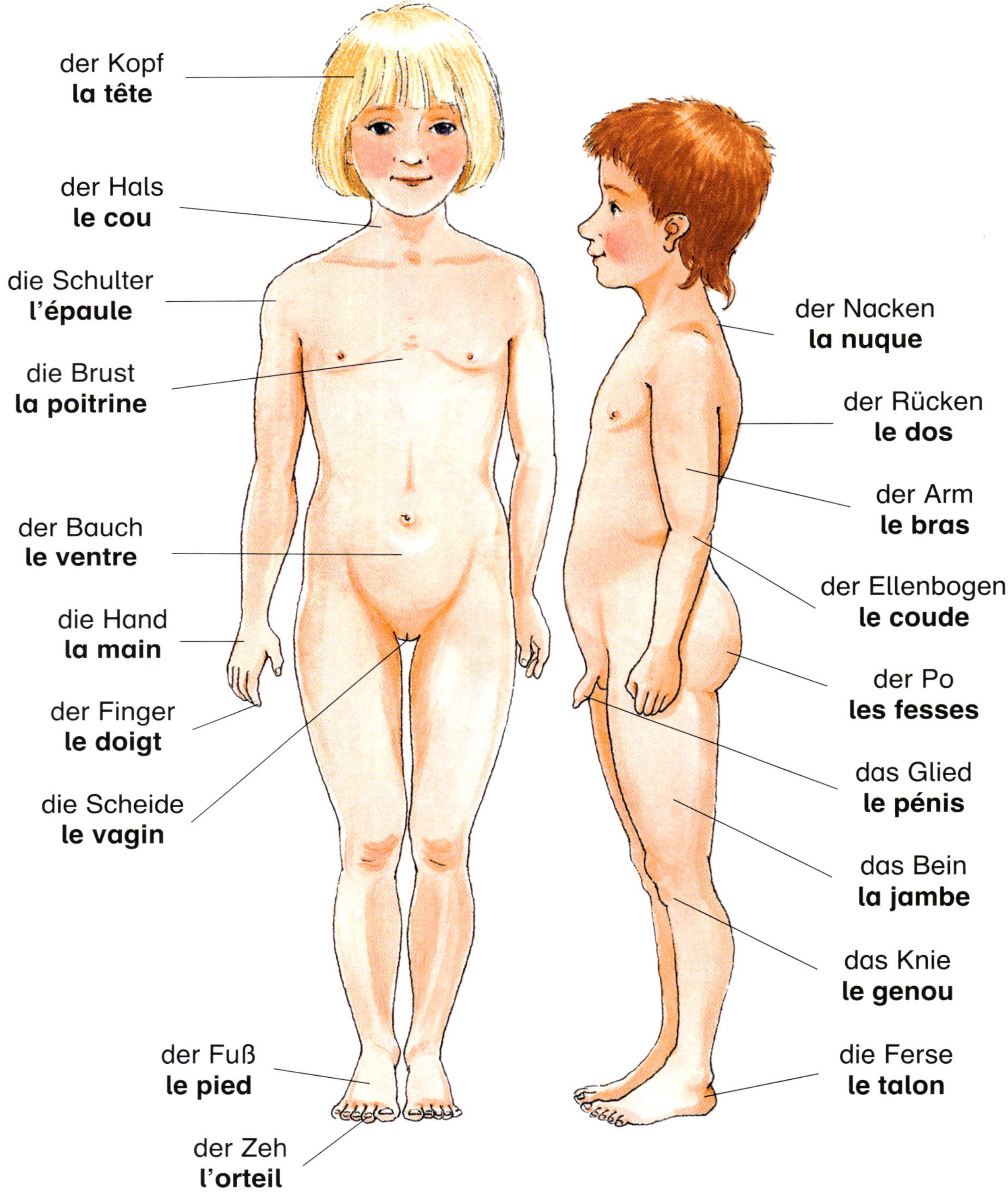

Die Kleidung/**Les vêtements**

das Unterhemd
le tricot de corps

die Strümpfe
les bas

die Unterhose
le caleçon

die Socken
les chaussettes

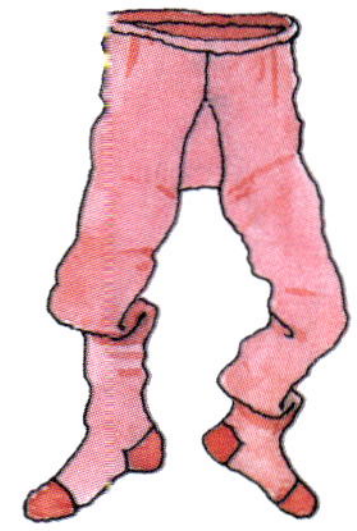

die Strumpfhose
le collant

die Bluse
le chemisier

der Rock
la jupe

der Knopf
le bouton

das Hemd
la chemise

das Nachthemd
la chemise de nuit

der Schlafanzug
le pyjama

das T-Shirt
le t-shirt

die Hose
le pantalon

die Latzhose
la salopette

die Strickjacke
le gilet

der Pullover
le pull-over

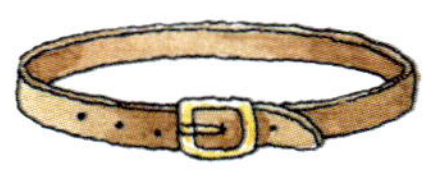

der Gürtel/**la ceinture**

der Trainingsanzug
le survêtement

der Reißverschluss
la fermeture éclair

die Jeans
le jean

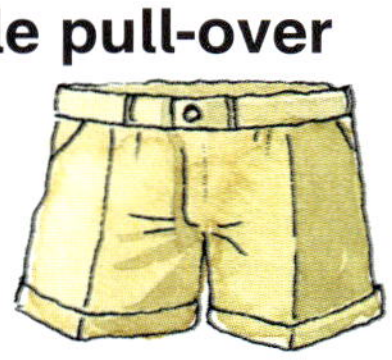

die kurze Hose
le short

das Sweatshirt
le sweat-shirt

die Jacke
la veste
die Schuhe
les chaussures
die Sandalen
les sandales
die Turnschuhe
les baskets
die Hausschuhe
les chaussons
die Gummistiefel
les bottes en caoutchouc
die Mütze
le bonnet
der Mantel
le manteau
der Schal
l'écharpe
der Anorak
l'anorak
die Handschuhe
les gants
der Kleiderbügel
le cintre
das Kleid
la robe
der Regenschirm
le parapluie
der Kleiderschrank
l'armoire
die Regenjacke
l'imperméable
der Bikini
le bikini
der Badeanzug
le maillot de bain
die Armbanduhr
la montre
die Halskette
le collier
das Armband
le bracelet
der Ring
la bague
der Ohrring
la boucle d'oreille
die Badehose
le slip de bain
die Brille/les lunettes

In der Küche/**Dans la cuisine**

der Teller
l'assiette
der Suppenteller
l'assiette creuse
die Tasse
la tasse
die Untertasse
la soucoupe
der Becher
le gobelet
der Mikro-
wellenherd
le four à
micro-ondes
das Geschirr
la vaisselle
der Eierbecher
le coquetier
das Glas
le verre
die Gewürze
les épices
die Kaffeemaschine
la cafetière électrique
das Messer
le couteau
der Kühlschrank
le réfrigérateur
der Toaster
le grille-pain
die Gabel
la fourchette
der Esslöffel
la cuillère à soupe
das Küchenmesser
le couteau de cuisine
die Schürze
le tablier
der Teelöffel
la cuillère à café
der Gefrier-
schrank
le congélateur
der Schneebesen
le fouet
der Kochlöffel
la cuillère en bois
das Backblech
la plaque de four
die Dose
la boîte
der Dosenöffner
l'ouvre-boîte
der Korkenzieher
le tire-bouchon
die Suppenkelle
la louche
der Pfannenwender
la pelle de cuisine

Im Esszimmer/**Dans la salle à manger**

der Reis
le riz
die Bratkartoffeln
les pommes de terre sautées
das Gemüse
les légumes
der Vater
le père
der Salat
la salade
die Brezel
le bretzel
die Kanne
la cafetière
der Pudding
le flan
das Ei
l'œuf
der Kuchen
le gâteau
die Mutter
la mère
der Kaffee
le café
die Butter
le beurre
das Eis
la glace
die Marmelade
la confiture
das Milch-
kännchen
le crémier
der Quark
le fromage
blanc
der Saft
le jus
der Ketschup
le ketchup
der Salzstreuer
la salière
der Senf
la moutarde
die Serviette
la serviette
die Pfeffermühle
le moulin
à poivre

Im Badezimmer/**Dans la salle de bains**

die Haarspange
la barrette
das Haargummi
l'élastique
der Kamm
le peigne
die Bürste
la brosse
der Zahnputzbecher
le gobelet à dents
die Fliesen
les carreaux
die Zahnbürste
la brosse à dents
der Spiegel
le miroir
das Toilettenpapier
le papier toilette
die Zahnpasta
le dentifrice
BLITZ
der Föhn
le sèche-cheveux
die Watte
le coton
die Kreme
la crème
Kreme
die Toilette
les toilettes
das Waschbecken
le lavabo
der Bademantel
le peignoir
die Seife
le savon
das Handtuch
la serviette
die Waage
la balance
das Duschgel
le gel douche
die Wäsche
le linge
das Shampoo
le shampooing
der Rasier-
apparat
le rasoir
das Haarspray
la laque
das Schaumbad
le bain moussant

Im Wohnzimmer/**Dans le salon**

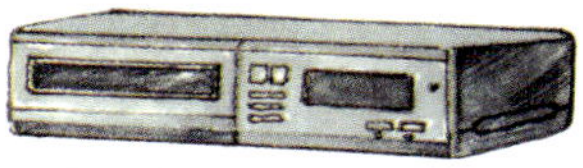

der Videorekorder
le magnétoscope

die Videokassette
la cassette vidéo

der Schallplattenspieler
le tourne-disque

die Schallplatte
le disque

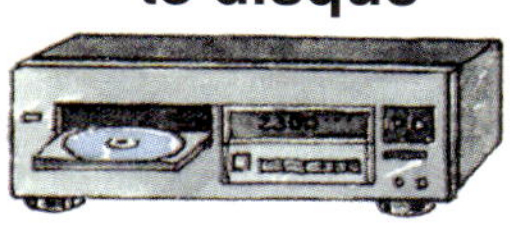

der CD-Spieler
le lecteur de CD

das Radio
la radio

der Kassettenrekorder
le magnétophone

die Kassette
la cassette

die Fernbedienung
la télécommande

die Glühbirne
l'ampoule

die Steckdose
la prise

die Zeitung
le journal

das Buch
le livre

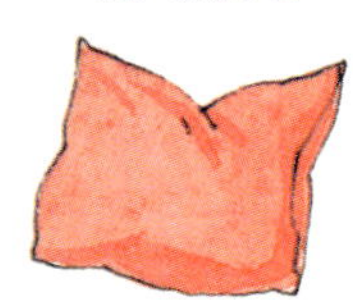

das Kissen
le coussin

die Streichhölzer
les allumettes

Im Kinderzimmer/**Dans la chambre d’enfant**

die Puppe
la poupée

der Puppenwagen
la poussette à poupée

die Handpuppe
la marionnette

die Marionette
le fantoche

das Kuscheltier
le doudou

das Spielzeugauto
la voiture jouet

der Gameboy
le gameboy

das Kartenspiel
le jeu de cartes

das Puzzle
le puzzle

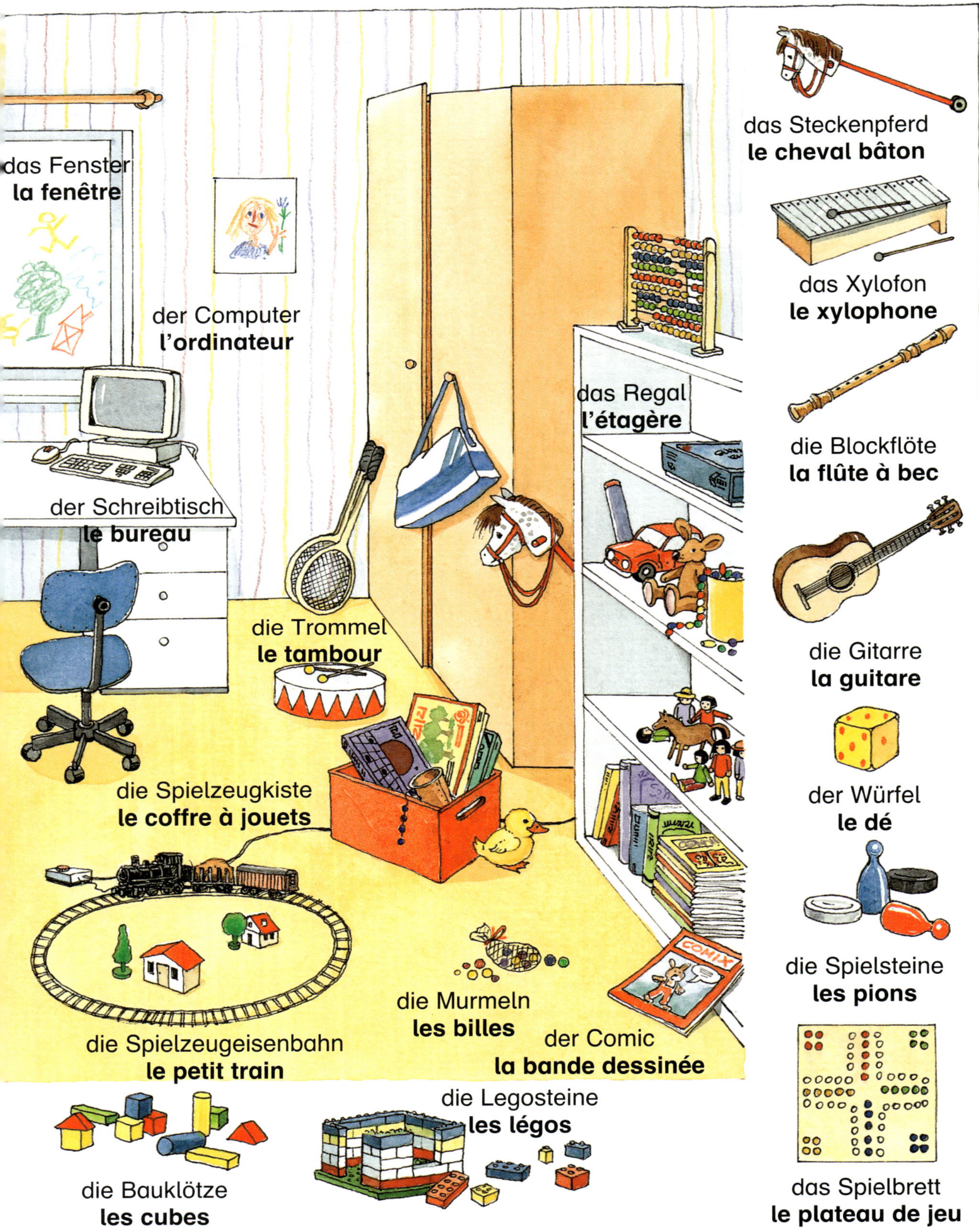

das Fenster
la fenêtre
der Computer
l'ordinateur
der Schreibtisch
le bureau
die Trommel
le tambour
das Regal
l'étagère
die Spielzeugkiste
le coffre à jouets
die Spielzeugeisenbahn
le petit train
die Murmeln
les billes
der Comic
la bande dessinée
COMIX
die Bauklötze
les cubes
die Legosteine
les légos
das Steckenpferd
le cheval bâton
das Xylofon
le xylophone
die Blockflöte
la flûte à bec
die Gitarre
la guitare
der Würfel
le dé
die Spielsteine
les pions
das Spielbrett
le plateau de jeu

In der Schule/**A l'école**

das Pausenbrot
le goûter

die Garderobe
le portemanteau

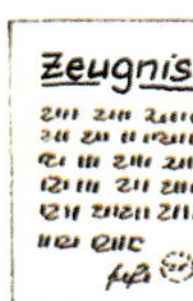

das Zeugnis
le bulletin

der Schulranzen
le cartable

das Schulbuch
le livre scolaire

der Ordner
le classeur

der Farbkasten
la boîte de couleurs

der Pinsel
le pinceau

das Lineal
la règle

die Wand
le mur
die Landkarte
la carte
2+3=
WORT
das Wort
le mot
A B C D E F
G H I J K L
M N O P Q R S
T U V W X Y Z
der Schwamm
l'éponge
das Alphabet
l'alphabet
die Zeichnung
le dessin
das Heft
le cahier
der Schüler
l'élève
die Schülerin
l'élève
die Lehrerin
l'institutrice
der Zeichenblock
le bloc à dessin
der Bleistift
le crayon
der Buntstift
le crayon de couleur
der Wachsmalstift
le crayon de cire
der Filzstift
le feutre
der Kugelschreiber
le stylo bille
der Füller
le stylo plume
die Patrone
la cartouche
der Anspitzer
le taille-crayon
der Zirkel
le compas
die Schere
les ciseaux
der Radiergummi
la gomme
das Klebeband
le ruban adhésif
der Klebstoff
la colle
das Federmäppchen
la trousse d'écolier

In der Stadt/**En ville**

die Reklame
la publicité

die Litfaßsäule
la colonne d'affichage

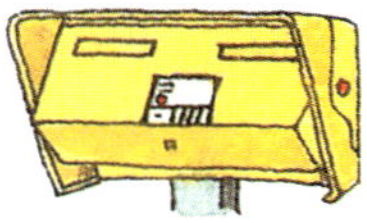

der Briefkasten
la boîte aux lettres

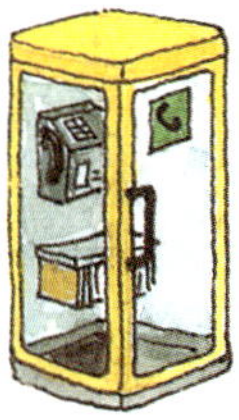

die Telefonzelle
la cabine téléphonique

der Straßenmaler
le peintre de rue

der Straßenmusiker
le musicien ambulant

die Müllcontainer
les conteneurs

die Haltestelle
l'arrêt

die Parkuhr
le parcmètre

die Straßenlaterne
le réverbère

die Ampel
les feux

das Straßenschild
la plaque de rue

das Ortsschild
le panneau

Der Verkehr/**La circulation**

In der Luft/**Dans l'air**

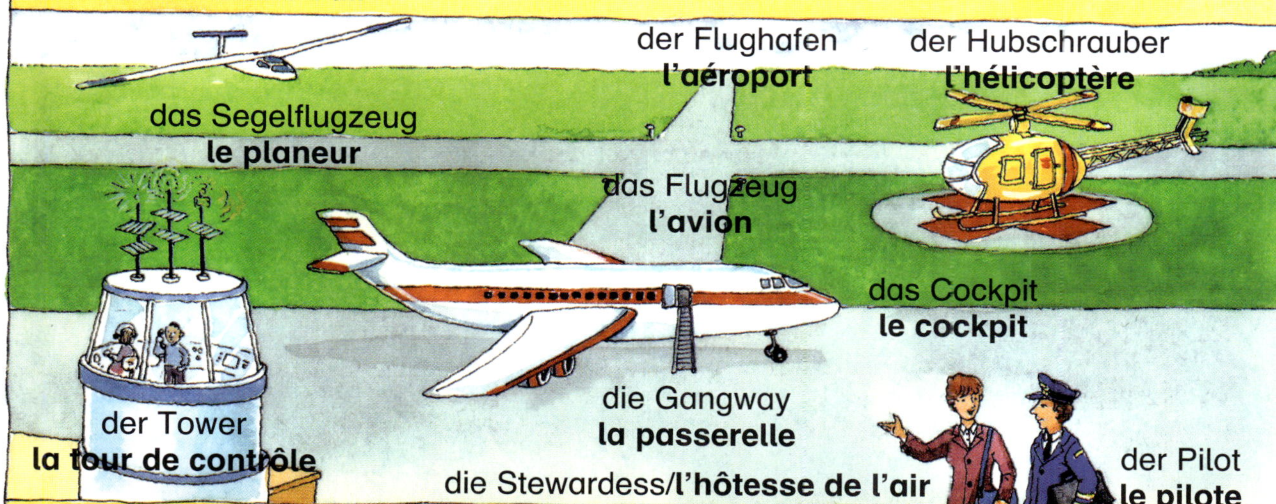

Auf dem Wasser/**Sur l'eau**

Auf den Schienen/**Sur les rails**

Auf der Straße/**Dans la rue**

das Auto
la voiture

das Motorrad
la motocyclette

der Lastwagen
le camion

das Verkehrsschild
le panneau

die Tankstelle
la station-service

das Benzin
l'essence

die Notrufsäule
la borne de secours

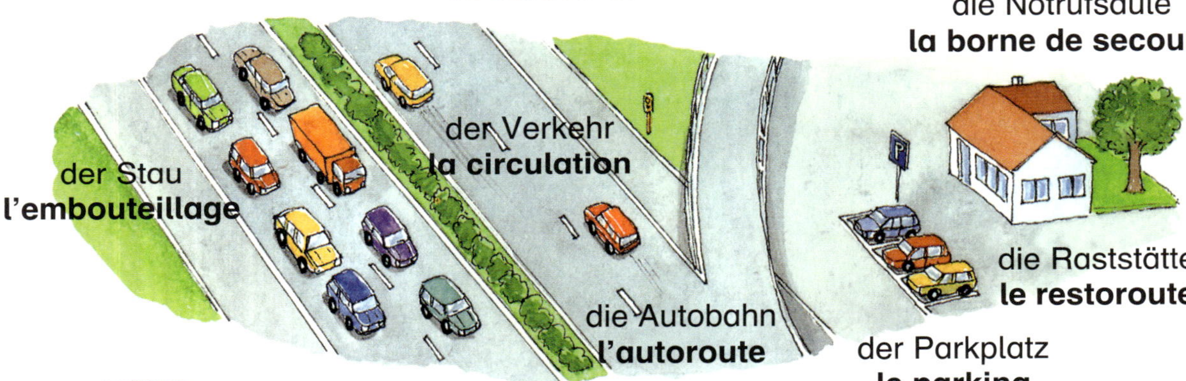

der Parkplatz
le parking

der Omnibus
l'autobus

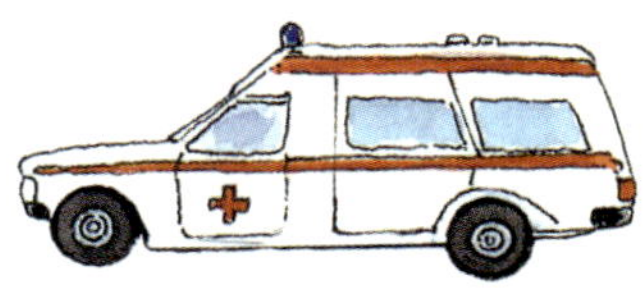

der Krankenwagen
l'ambulance

das Polizeiauto
la voiture de police

der Abschleppwagen
la dépanneuse

die Müllabfuhr
la benne à ordures

das Feuerwehrauto
la voiture de pompier

Im Supermarkt/**Au supermarché**

die Nudeln
les pâtes

die Haferflocken
les flocons d'avoine

die Cornflakes
les corn-flakes

das Öl
l'huile

der Essig
le vinaigre

die Majonäse
la mayonnaise

das Mehl
la farine

der Zucker
le sucre

das Salz
le sel

die Windeln
les couches

die Papiertaschentücher
les mouchoirs en papier

das Waschpulver
la lessive

die Sahne
la crème

der Jogurt
le yaourt

die Margarine
la margarine

der Apfelsaft
le jus de pomme

der Orangensaft
le jus d'orange

die Flasche
la bouteille

die Kekse
les biscuits

der Kaugummi
le chewing-gum

die Bonbons
les bonbons

die Schokolade
le chocolat

der Lutscher
la sucette

Im Zoo/**Au zoo**

die Giraffe
la girafe
der Elefant
l'éléphant
das Nashorn
le rhinocéros
das Känguru
le kangourou
der Käfig
la cage
der Gorilla
le gorille
der Braunbär
l'ours brun
die Familie
la famille
der Löwe
le lion
der Affe
le singe
Bitte nicht füttern
Elefanten
Affen
Aquarium
Streichelzoo
der Papagei
le perroquet
ZOO
le zoo
der Eingang
l'entrée
das Kamel
le chameau
der Strauß
l'autruche
das Zebra
le zèbre

der Hai
le requin
der Fisch/le poisson
l'aquarium
AQUARIUM
die Schlange
le serpent
das Krokodil
le crocodile
der Eisbär
l'ours polaire
der Pandabär
le panda
Bitte nicht füttern
der Tierwärter
le gardien de zoo
der Tiger
le tigre
der Seehund
le phoque
der Pinguin
le pingouin
der Esel
l'âne
EIS
die Ziege
la chèvre
das Pony
le poney
der Pfau
le paon
Streichelzoo
l'enclos
de la ferme
das Nilpferd
l'hippopotame

In Wald und Wiese/**Dans la forêt et dans les prairies**

der Schwan
le cygne

die Spinne
l'araignée

die Eidechse
le lézard

der Frosch
la grenouille

der Maulwurf
la taupe

der Käfer
le scarabée

die Maus
la souris

der Igel
l'hérisson

die Ameise
la fourmi

der Berg
la montagne
das Tal
la vallée
der Jäger
le chasseur
der Baum
l'arbre
die Futterkrippe
la mangeoire
der Vogel
l'oiseau
der Ast
la branche
der Stamm
le tronc
die Pilze
les champignons
das Gras
l'herbe
das Reh
le chevreuil
der Rehbock
le chevreuil mâle
der Fuchs
le renard
das Wildschwein
le sanglier
der Hase
le lièvre
das Eichhörnchen
l'écureuil
die Eule
la chouette
die Kastanie
le marron
das Moos
la mousse
die Eichel
le gland
der Zapfen
le cône

Auf dem Bauernhof/**A la ferme**

das Pferd
le cheval

das Fohlen
le poulain

die Kuh
la vache

das Kalb
le veau

der Stier
le taureau

das Schaf
le mouton

das Lamm
l'agneau

das Schwein/**le cochon**

das Ferkel
le porcelet

der Mähdrescher
la moissonneuse-batteuse
das Getreide
les céréales
das Feld
le champ
das Dach
le toit
die Scheune
la grange
die Strohballen
les bottes de paille
das Heu
le foin
der Anhänger
la remorque
der Hühnerstall
le poulailler
der Stall
l'étable
der Misthaufen
le tas de fumier
die Hundehütte
la niche
der Zaun
la clôture
das Kaninchen
le lapin
der Kaninchenstall
le clapier
der Hund
le chien
die Katze
le chat
der Truthahn
le dindon
der Hahn
le coq
die Gans
l'oie
die Ente
le canard
das Küken
le poussin
das Huhn
la poule

Was ich tue/**Ce que je fais**

gehen
marcher

rennen
courir

stehen
être debout

sitzen
être assis

liegen
être allongé

schlafen
dormir

träumen
rêver

aufwachen
se réveiller

waschen
laver

Zähne putzen
brosser les dents

kämmen
peigner

anziehen
mettre

malen
peindre

lesen
lire

schreiben
écrire

singen
chanter

rechnen
calculer

essen
manger

trinken
boire

spielen
jouer

aufräumen
ranger

umarmen
prendre dans les bras

streicheln
caresser

küssen
embrasser

zuhören
écouter

reden
parler

weinen
pleurer

lachen
rire

zeigen
montrer

anschauen
regarder

schreien
crier

flüstern
chuchoter

tragen
porter

ziehen
tirer

geben
donner

nehmen
prendre

schieben
pousser

springen
sauter

werfen
lancer

fangen
attraper

hinfallen
tomber

Gegensätze/**Les opposés**

dick **gros** | dünn **mince**

rau **rugueux** | glatt **lisse**

nass **mouillé** | trocken **sec**

vorne **devant** | hinten **derrière**

voll **plein** | leer **vide**

groß **grand** | klein **petit**

sauber **propre** | schmutzig **sale**

offen **ouvert** | geschlossen **fermé**

links **gauche** | rechts **droite**

langsam **lent** | schnell **rapide**

schwer **lourd** | leicht **léger**

hart **dur** | weich **mou**

kurz **court** | lang **long**

heiß **chaud** | kalt **froid**

viel
beaucoup

wenig
peu

fern / **loin**

nah
près

hoch
haut

niedrig
bas

oben
en haut

unten
en bas

richtig
bon

falsch
mauvais

traurig
triste

fröhlich
gai

laut
fort

leise
doux

böse
méchant

lieb
gentil

Erster
premier

Letzter
dernier

krank
malade

gesund
sain

weit
large

eng
étroit

schön
beau

hässlich
laid

Wetter, Jahreszeit und Monat/**Le temps, les saisons**

Das Wetter/**Le temps**

Die Jahreszeit/**La saison**

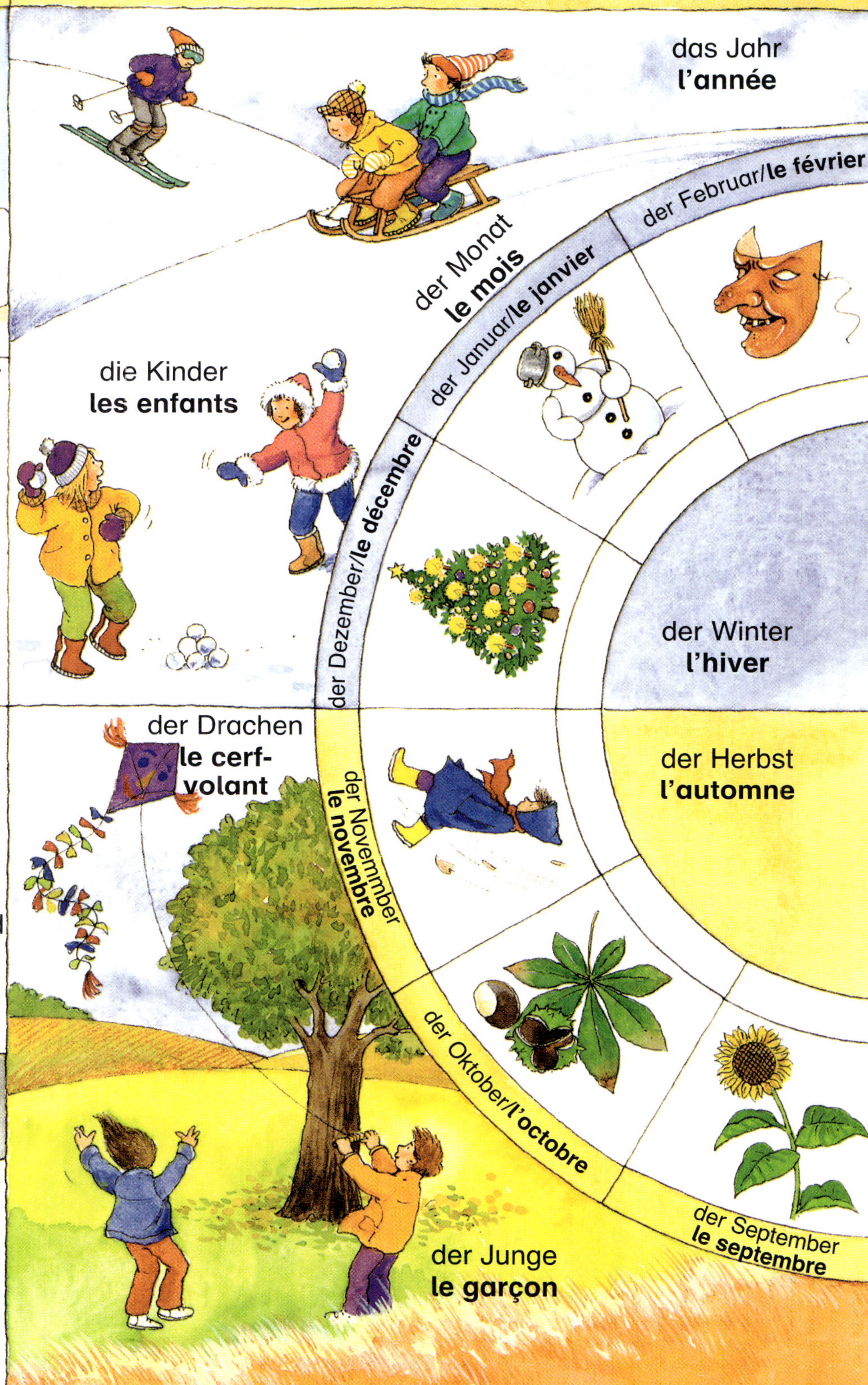

et les mois de l'année

Das Wetter/**Le temps**

Woche und Uhrzeit/**Les jours de la semaine et l'heure**

Die Woche/**Les jours de la semaine**

lundi **mardi** **mercredi** **jeudi** **vendredi** **samedi** **dimanche**

eine Woche = 7 Tage
une semaine = 7 jours

Die Uhrzeit/**L'heure**

der große Zeiger
la grande aiguille

die Uhr
l'horloge

das Zifferblatt
le cadran

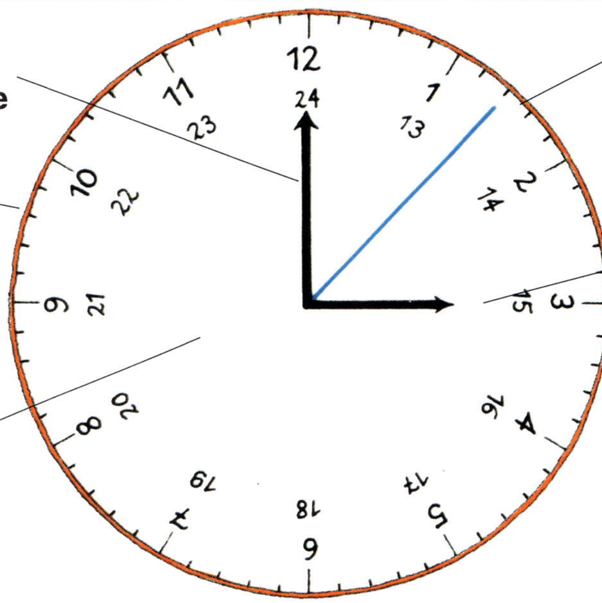

der Sekundenzeiger
l'aiguille des secondes

der kleine Zeiger
la petite aiguille

ein Tag = 24 Stunden
une journée = 24 heures

eine Minute = 60 Sekunden
une minute = 60 secondes

eine Stunde = 60 Minuten
une heure = 60 minutes

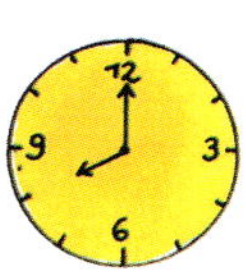

acht Uhr
huit heures

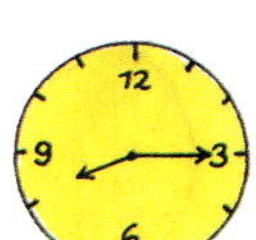

Viertel nach acht
huit heures et quart

zwanzig nach acht
huit heures vingt

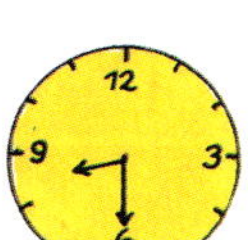

halb neun
huit heures et demi

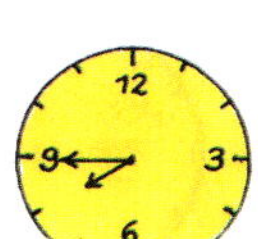

Viertel vor acht
huit heures moins le quart

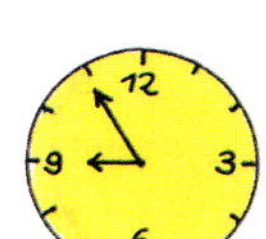

fünf vor neun
neuf heures moins cinq

Zahlen/**Les chiffres**

1	2	3	4	5
eins/**un**	zwei/**deux**	drei/**trois**	vier/**quatre**	fünf/**cinq**

6	7	8	9	10
sechs/**six**	sieben/**sept**	acht/**huit**	neun/**neuf**	zehn/**dix**

11	12	13	14	15
elf/**onze**	zwölf/**douze**	dreizehn/**treize**	vierzehn/**quatorze**	fünfzehn/**quinze**

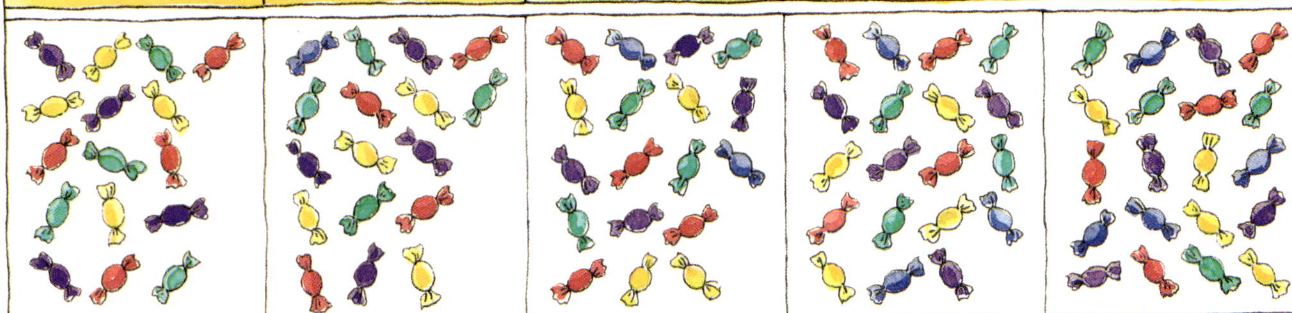

16	17	18	19	20
sechzehn **seize**	siebzehn **dix-sept**	achtzehn **dix-huit**	neunzehn **dix-neuf**	zwanzig **vingt**

Wörterliste/**Le vocabulaire**

A

Abfluss .... 14 **écoulement**
Abschleppwagen ...... 25 **dépanneuse**
acht .... 40, 41 **huit**
achtzehn .... 41 **dix-huit**
Affe .... 28 **singe**
Alphabet .... 21 **alphabet**
Ameise .... 30 **fourmi**
Ameisenhaufen .... 30 **fourmilière**
Ampel .... 23 **feux**
Anhänger .... 33 **remorque**
Anker .... 24 **ancre**
Anorak .... 9 **anorak**
anschauen .... 35 **regarder**
Anspitzer .... 21 **taille-crayon**
anziehen .... 34 **mettre**
Apfelsaft .... 27 **jus de pomme**
Apotheke .... 23 **pharmacie**
April .... 39 **avril**
Aquarium .... 29 **aquarium**
Arm .... 7 **bras**
Armband .... 9 **bracelet**
Armbanduhr .... 9 **montre**
Ast .... 31 **branche**
aufräumen .... 34 **ranger**
aufwachen .... 34 **se réveiller**
Auge .... 6 **œil**
Augenbraue .... 6 **sourcil**
August .... 39 **août**
Auto .... 25 **voiture**
Autobahn .... 25 **autoroute**
Axt .... 32 **hache**

B

Backblech .... 11 **plaque de four**
Backofen .... 10 **four**
Badeanzug .... 9 **maillot de bain**
Badehose .... 9 **slip de bain**
Bademantel .... 15 **peignoir**
Badewanne .... 14 **baignoire**
Badezimmer .... 14 **salle de bains**
Bäckerei .... 26 **boulangerie**
Bäuerin .... 32 **fermière**
Bahnhof .... 24 **gare**
Bahnsteig .... 24 **quai**
Ball .... 18 **ballon**
Bank .... 23 **banque**
Bauch .... 7 **ventre**
Bauer .... 32 **fermier**
Bauernhaus .... 32 **ferme**
Bauernhof .... 32 **ferme**
Bauklötze .... 19 **cubes**
Baum .... 31 **arbre**
Becher .... 11 **gobelet**
Bein .... 7 **jambe**
Benzin .... 25 **essence**
Berg .... 31 **montagne**
Bett .... 18 **lit**
Bettdecke .... 18 **couverture**
Bikini .... 9 **bikini**
Bild .... 17 **image**

Blatt .... 20 **feuille**
Bleistift .... 21 **crayon**
Blitz .... 39 **éclair**
Blockflöte .... 19 **flûte à bec**
Blumen .... 39 **fleurs**
Blumenladen .... 23 **fleuriste**
Bluse .... 8 **chemisier**
böse .... 37 **méchant**
Bonbons .... 27 **bonbons**
Braten .... 12 **rôti**
Bratkartoffeln .... 13 **pommes de terre sautées**
Bratwurst .... 12 **saucisse grillée**
Braunbär .... 28 **ours brun**
Brause .... 14 **douche**
Brett .... 10 **planche**
Brezel .... 13 **bretzel**
Briefkasten .... 22 **boîte aux lettres**
Brille .... 9 **lunettes**
Brot .... 12 **pain**
Brötchen .... 12 **petit pain**
Brücke .... 30 **pont**
Brust .... 7 **poitrine**
Buch .... 17, 20, 22 **livre**
Buchstabe .... 20 **lettre**
Buntstift .... 21 **crayon de couleur**
Büro .... 23 **bureau**
Bürste .... 10, 15 **brosse**
Butter .... 13 **beurre**

C

Café .... 23 **café**
CD .... 16 **CD**
CD-Spieler .... 16 **lecteur de CD**
Cockpit .... 24 **cockpit**
Comic .... 19 **bande dessinée**
Computer .... 19 **ordinateur**
Cornflakes .... 26 **corn-flakes**

D

Dach .... 33 **toit**
Deckel .... 10 **couvercle**
Deodorant .... 14 **déodorant**
Dezember .... 38 **décembre**
dick .... 36 **gros**
Dienstag .... 40 **mardi**
Donner .... 39 **tonnerre**
Donnerstag .... 40 **jeudi**
Dorf .... 30 **village**
Dose .... 11 **boîte**
Dosenöffner .... 11 **ouvre-boîte**
Drachen .... 38 **cerf-volant**
drei .... 41 **trois**
dreizehn .... 41 **treize**
dünn .... 36 **mince**
Dusche .... 14 **douche**
Duschgel .... 15 **gel douche**
Duschvorhang .... 14 **rideau de douche**

E

Ei .... 13 **œuf**
Eichel .... 31 **gland**

L

lachen .... 35 **rire**
Lamm .... 32 **agneau**
Lampe .... 17 **lampe**
Landkarte .... 21 **carte**
lang .... 36 **long**
langsam .... 36 **lent**
Lastwagen .... 25 **camion**
Latzhose .... 8 **salopette**
laut .... 37 **fort**
leer .... 36 **vide**
Legosteine .... 19 **légos**
Lehrerin .... 21 **institutrice**
leicht .... 36 **léger**
leise .... 37 **doux**
Leiter .... 18 **échelle**
lesen .... 34 **lire**
Letzter .... 37 **dernier**
lieb .... 37 **gentil**
liegen .... 34 **être allongé**
Lineal .... 20 **règle**
links .... 36 **gauche**
Lippe .... 6 **lèvre**
Lippenstift .... 14 **rouge à lèvres**
Litfaßsäule .... 22 **colonne d'affichage**
Lokomotive .... 24 **locomotive**
Löwe .... 28 **lion**
Luft .... 24 **air**
Luftballon .... 18 **ballon**
Luftkissenboot .... 24 **aéroglisseur**
Lutscher .... 27 **sucette**

M

Mädchen .... 39 **fille**
Mähdrescher .... 33 **moissonneuse-batteuse**
Mai .... 39 **mai**
Majonäse .... 26 **mayonnaise**
malen .... 34 **peindre**
Mann .... 17 **homme**
Mantel .... 9 **manteau**
Margarine .... 27 **margarine**
Marionette .... 18 **fantoche**
Marmelade .... 13 **confiture**
März .... 39 **mars**
Matrose .... 24 **marin**
Maulwurf .... 30 **taupe**
Maus .... 30 **souris**
Meer .... 39 **mer**
Mehl .... 26 **farine**
Messer .... 11 **couteau**
Mikrowellenherd .... 11 **four à micro-ondes**
Milch .... 12 **lait**
Milchkännchen .... 13 **crémier**
Minute .... 40 **minute**
Misthaufen .... 33 **tas de fumier**
Mittwoch .... 40 **mercredi**
Monat .... 38 **mois**
Montag .... 40 **lundi**
Moos .... 31 **mousse**
Motorboot .... 24 **bateau à moteur**
Motorrad .... 25 **motocyclette**
Müllabfuhr .... 25 **benne à ordures**
Müllcontainer .... 22 **conteneur**
Mülleimer .... 10 **poubelle**
Mund .... 6 **bouche**
Murmeln .... 19 **billes**
Museum .... 23 **musée**
Müsli .... 12 **céréales**
Mutter .... 13 **mère**
Mütze .... 9 **bonnet**

N

Nachthemd .... 8 **chemise de nuit**
Nacken .... 7 **nuque**
Nageletui .... 14 **trousse de manicure**
nah .... 37 **près**
Nase .... 6 **nez**
Nashorn .... 28 **rhinocéros**
nass .... 36 **mouillé**
Nebel .... 39 **brouillard**
nehmen .... 35 **prendre**
neun .... 40, 41 **neuf**
neunzehn .... 41 **dix-neuf**
niedrig .... 37 **bas**
Nilpferd .... 29 **hippopotame**
Notrufsäule .... 25 **borne de secours**
November .... 38 **novembre**
Nudelholz .... 10 **rouleau à pâtisserie**
Nudeln .... 26 **pâtes**

O

oben .... 37 **en haut**
Obst .... 26 **fruits**
Obstbäume .... 32 **arbres fruitiers**
offen .... 36 **ouvert**
Ohr .... 6 **oreille**
Ohrring .... 9 **boucle d'oreille**
Oktober .... 38 **octobre**
Öl .... 26 **huile**
Omnibus .... 25 **autobus**
Orangensaft .... 27 **jus d'orange**
Ordner .... 20 **classeur**
Ortsschild .... 23 **panneau**

P

Pandabär .... 29 **panda**
Papagei .... 28 **perroquet**
Papierkorb .... 20 **corbeille à papier**
Papiertaschentücher . 26 **mouchoirs en papier**
Parfüm .... 14 **parfum**
Parkplatz .... 25 **parking**
Parkuhr .... 23 **parcmètre**
Patrone .... 21 **cartouche**
Pausenbrot .... 20 **goûter**
Pfanne .... 10 **poêle**
Pfannenwender .... 11 **pelle de cuisine**
Pfau .... 29 **paon**
Pfeffermühle .... 13 **moulin à poivre**
Pferd .... 32 **cheval**
Pflug .... 32 **charrue**
Pilot .... 24 **pilote**
Pilze .... 31 **champignons**

Pinguin	29	**pingouin**
Pinsel	20	**pinceau**
Pizza	12	**pizza**
Po	7	**fesses**
Polizeiauto	25	**voiture de police**
Polizist	23	**policier**
Pommes frites	12	**frites**
Pony	29	**poney**
Post	22	**poste**
Poster	18	**affiche**
Pudding	13	**flan**
Pullover	8	**pull-over**
Puppe	18	**poupée**
Puppenhaus	18	**maison de poupée**
Puppenwagen	18	**poussette à poupée**
Puzzle	18	**puzzle**
Q		
Quark	13	**fromage blanc**
R		
Radiergummi	21	**gomme**
Radio	16	**radio**
Rasierapparat	15	**rasoir**
Rasierwasser	14	**lotion après-rasage**
Raststätte	25	**restoroute**
Rathaus	22	**mairie**
rau	36	**rugueux**
rechnen	34	**calculer**
rechts	36	**droite**
reden	35	**parler**
Regal	19	**étagère**
Regen	39	**pluie**
Regenbogen	39	**arc-en-ciel**
Regenjacke	9	**imperméable**
Regenschirm	9	**parapluie**
Reh	31	**chevreuil**
Rehbock	31	**chevreuil mâle**
Reibe	10	**râpe**
Reinigungsmittel	26	**produits d'entretien**
Reis	13	**riz**
Reißverschluss	8	**fermeture éclair**
Reklame	22	**publicité**
rennen	34	**courir**
Restaurant	22	**restaurant**
richtig	37	**bon**
Ring	9	**bague**
Rock	8	**jupe**
Rücken	7	**dos**
S		
Saft	13	**jus**
Sahne	27	**crème**
Salat	13	**salade**
Salz	26	**sel**
Salzstreuer	13	**salière**
Samstag	40	**samedi**
Sandalen	9	**sandales**
sauber	36	**propre**
Schaf	32	**mouton**
Schaffner	24	**contrôleur**
Schal	9	**écharpe**
Schallplatte	16	**disque**
Schallplattenspieler	16	**tourne-disque**
Schaumbad	15	**bain moussant**
Scheide	7	**vagin**
Schere	21	**ciseaux**
Scheune	33	**grange**
schieben	35	**pousser**
Schienen	24	**rails**
Schiff	24	**bateau**
Schlafanzug	8	**pyjama**
schlafen	34	**dormir**
Schlange	29	**serpent**
Schminkzeug	14	**maquillage**
schmutzig	36	**sale**
Schnee	38	**neige**
Schneebesen	11	**fouet**
schnell	36	**rapide**
Schnitzel	12	**escalope**
Schokolade	27	**chocolat**
schön	37	**beau**
Schrank	16	**armoire**
schreiben	34	**écrire**
Schreibtisch	19	**bureau**
schreien	35	**crier**
Schubkarre	32	**brouette**
Schuhe	9	**chaussures**
Schulbuch	20	**livre scolaire**
Schule	20	**école**
Schüler / Schülerin	21	**élève**
Schulhof	20	**cour**
Schulranzen	20	**cartable**
Schulter	7	**épaule**
Schürze	11	**tablier**
Schüssel	10	**plat**
Schwamm	10, 21	**éponge**
Schwan	30	**cygne**
Schwein	32	**cochon**
schwer	36	**lourd**
sechs	41	**six**
sechzehn	41	**seize**
See	30	**lac**
Seehund	29	**phoque**
Segelflugzeug	24	**planeur**
Seife	15	**savon**
Sekunde	40	**seconde**
Sekundenzeiger	40	**aiguille des secondes**
Senf	13	**moutarde**
Sense	32	**faux**
September	38	**septembre**
Serviette	13	**serviette**
Sessel	17	**fauteuil**
Setzkasten	20	**boîte à tampons**
Shampoo	15	**shampooing**
Sieb	10	**passoire**
sieben	41	**sept**
siebzehn	41	**dix-sept**
singen	34	**chanter**
sitzen	34	**être assis**
Socken	8	**chaussettes**
Sofa	17	**canapé**

Eichhörnchen .... 31 **écureuil**
Eidechse .... 30 **lézard**
Eierbecher .... 11 **coquetier**
Eingang .... 28 **entrée**
Einkaufswagen .... 26 **caddie**
Einkaufszettel .... 26 **liste des courses**
eins .... 41 **un**
Eis .... 13 **glace**
Eisbär .... 29 **ours polaire**
Elefant .... 28 **éléphant**
elf .... 41 **onze**
Ellenbogen .... 7 **coude**
eng .... 37 **étroit**
Ente .... 33 **canard**
Erster .... 37 **premier**
Esel .... 29 **âne**
essen .... 34 **manger**
Essig .... 26 **vinaigre**
Esslöffel .... 11 **cuillère à soupe**
Esszimmer .... 12 **salle à manger**
Eule .... 31 **chouette**

F
Fähre .... 24 **ferry**
falsch .... 37 **mauvais**
Familie .... 28 **famille**
fangen .... 35 **attraper**
Farbkasten .... 20 **boîte de couleurs**
Februar .... 38 **février**
Federmäppchen .... 21 **trousse d'écolier**
Feld .... 33 **champ**
Fenster .... 19 **fenêtre**
Ferkel .... 32 **porcelet**
fern .... 37 **loin**
Fernbedienung .... 17 **télécommande**
Fernseher .... 16 **télévision**
Ferse .... 7 **talon**
Feuer .... 17 **feu**
Feuerwehrauto .... 25 **voiture de pompier**
Filzstift .... 21 **feutre**
Finger .... 7 **doigt**
Fisch .... 12, 29 **poisson**
Fischstäbchen .... 12 **bâtonnets de poisson**
Flasche .... 27 **bouteille**
Fleisch .... 27 **viande**
Fliesen .... 15 **carreaux**
Flughafen .... 24 **aéroport**
Flugzeug .... 24 **avion**
Fluss .... 30 **rivière**
flüstern .... 35 **chuchoter**
Fohlen .... 32 **poulain**
Föhn .... 15 **sèche-cheveux**
Foto .... 17 **photo**
Frau .... 17 **femme**
Freitag .... 40 **vendredi**
Friseur .... 23 **coiffeur**
fröhlich .... 37 **gai**
Frosch .... 30 **grenouille**
Frost .... 38 **gelée**
Frühling .... 39 **printemps**
Fuchs .... 31 **renard**
Füller .... 21 **stylo plume**
fünf .... 40, 41 **cinq**
fünfzehn .... 41 **quinze**
Fuß .... 7 **pied**
Fußgänger .... 23 **piétons**
Fußgängerzone .... 23 **zone piétonne**
Futterkrippe .... 31 **mangeoire**

G
Gabel .... 11 **fourchette**
Gameboy .... 18 **gameboy**
Gangway .... 24 **passerelle**
Gans .... 33 **oie**
Garderobe .... 20 **portemanteau**
Garten .... 32 **jardin**
geben .... 35 **donner**
Gefrierschrank .... 11 **congélateur**
Gegensätze .... 36 **opposés**
gehen .... 34 **marcher**
Gehweg .... 22 **trottoir**
Gemüse .... 13, 26 **légumes**
Geschirr .... 11 **vaisselle**
Geschirrspülmaschine 10 **lave-vaisselle**
Geschirrtuch .... 10 **torchon**
geschlossen .... 36 **fermé**
Gesicht .... 6 **visage**
gesund .... 37 **sain**
Getränke .... 27 **boissons**
Getreide .... 33 **céréales**
Gewitter .... 39 **orage**
Gewürze .... 11 **épices**
Giraffe .... 28 **girafe**
Gitarre .... 19 **guitare**
Glas .... 11 **verre**
glatt .... 36 **lisse**
Glied .... 7 **pénis**
Glühbirne .... 17 **ampoule**
Gorilla .... 28 **gorille**
Gras .... 31 **herbe**
groß .... 36 **grand**
großer Zeiger .... 40 **grande aiguille**
Gummistiefel .... 9 **bottes en caoutchouc**
Gürtel....................... 8 **ceinture**

H
Haare .... 6 **cheveux**
Haargummi .... 15 **élastique**
Haarspange .... 15 **barrette**
Haarspray .... 15 **laque**
Hafen .... 24 **port**
Haferflocken .... 26 **flocons d'avoine**
Hagel .... 38 **grêle**
Hahn .... 33 **coq**
Hähnchen .... 12 **poulet**
Hai .... 29 **requin**
halb .... 40 **demi**
Hals .... 7 **cou**
Halskette .... 9 **collier**
Haltestelle .... 23 **arrêt**
Hamburger .... 12 **hamburger**
Hand .... 7 **main**

Handpuppe ... 18 **marionnette**
Handschuhe ... 9 **gants**
Handtuch ... 15 **serviette**
hart ... 36 **dur**
Hase ... 31 **lièvre**
hässlich ... 37 **laid**
Haus ... 22 **maison**
Haushaltsartikel ... 26 **produits de ménage**
Hausschuhe ... 9 **chaussons**
Heft ... 21 **cahier**
heiß ... 36 **chaud**
Hemd ... 8 **chemise**
Herbst ... 38 **automne**
Herd ... 10 **cuisinière**
Heu ... 33 **foin**
Himmel ... 39 **ciel**
hinfallen ... 35 **tomber**
hinten ... 36 **derrière**
Hitze ... 39 **chaleur**
hoch ... 37 **haut**
Holz ... 16 **bois**
Honig ... 12 **miel**
Hose ... 8 **pantalon**
Hotel ... 22 **hôtel**
Hubschrauber ... 24 **hélicoptère**
Huhn ... 33 **poule**
Hühnerstall ... 33 **poulailler**
Hund ... 33 **chien**
Hundehütte ... 33 **niche**

I

Igel ... 30 **hérisson**
Imbiss ... 22 **buvette**

J

Jacke ... 9 **veste**
Jäger ... 31 **chasseur**
Jahr ... 38 **année**
Jahreszeit ... 38 **saison**
Januar ... 38 **janvier**
Jeans ... 8 **jean**
Jogurt ... 27 **yaourt**
Juli ... 39 **juillet**
Junge ... 38 **garçon**
Juni ... 39 **juin**

K

Käfer ... 30 **scarabée**
Kaffee ... 13 **café**
Kaffeemaschine ... 11 **cafetière électrique**
Käfig ... 28 **cage**
kämmen ... 34 **peigner**
Känguru ... 28 **kangourou**
Käse ... 12, 26 **fromage**
Kakao ... 12 **cacao**
Kalb ... 32 **veau**
kalt ... 36 **froid**
Kamel ... 28 **chameau**
Kamin ... 17 **cheminée**
Kamm ... 15 **peigne**
Kaninchen ... 33 **lapin**
Kaninchenstall ... 33 **clapier**
Kanne ... 13 **cafetière**
Kapitän ... 24 **capitaine**
Kartenspiel ... 18 **jeu de cartes**
Kasse ... 27 **caisse**
Kassette ... 16 **cassette**
Kassettenrekorder ... 16 **magnétophone**
Kastanie ... 31 **marron**
Katze ... 33 **chat**
Kaufhaus ... 23 **grand magasin**
Kaufmannsladen ... 18 **épicerie**
Kaugummi ... 27 **chewing-gum**
Kekse ... 27 **biscuits**
Kerze ... 16 **bougie**
Kerzenständer ... 16 **bougeoire**
Ketschup ... 13 **ketchup**
Kinder ... 38 **enfants**
Kinderzimmer ... 18 **chambre d'enfant**
Kinn ... 6 **menton**
Kino ... 22 **cinéma**
Kirche ... 22 **église**
Kissen ... 17 **coussin**
Klassenbuch ... 20 **journal de classe**
Klassenzimmer ... 20 **salle de classe**
Klebeband ... 21 **ruban adhésif**
Klebstoff ... 21 **colle**
Kleid ... 9 **robe**
Kleiderbügel ... 9 **cintre**
Kleiderschrank ... 9 **armoire**
Kleidung ... 8 **vêtements**
klein ... 36 **petit**
kleiner Zeiger ... 40 **petite aiguille**
Knie ... 7 **genou**
Knopf ... 8 **bouton**
Kochlöffel ... 11 **cuillère en bois**
Konserven ... 26 **conserves**
Kopf ... 7 **tête**
Kopfkissen ... 18 **oreiller**
Korkenzieher ... 11 **tire-bouchon**
Körper ... 6, 7 **corps**
krank ... 37 **malade**
Krankenwagen ... 25 **ambulance**
Kreide ... 20 **craie**
Kreme ... 15 **crème**
Kreuzung ... 23 **carrefour**
Krokodil ... 29 **crocodile**
Kuchen ... 13 **gâteau**
Kuchenform ... 10 **moule à gâteau**
Küche ... 10 **cuisine**
Küchenmesser ... 11 **couteau de cuisine**
Küchenrolle ... 10 **essuie-tout**
Kugelschreiber ... 21 **stylo bille**
Kuh ... 32 **vache**
Kühlschrank ... 11 **réfrigérateur**
Küken ... 33 **poussin**
Kunde / Kundin ... 27 **client / cliente**
kurz ... 36 **court**
kurze Hose ... 8 **short**
Kuscheltier ... 18 **doudou**
küssen ... 35 **embrasser**

Mein erstes
Französisch Bildwörterbuch